envision your Life

MEDITATION
IS THE KEY

ARTUR LORENZ

Artur Lorenz ist Experte für Persönlichkeits-, Energie und Bewusstseinsentfaltung. Er begleitet Menschen seit über 10 Jahren auf dem Weg ihrer persönlichen Veränderung und unterstützt, sie ihre Außergewöhnlichkeit zu leben. In seinem Wirken möchte er Menschen sich selbst näher bringen und sie bei echter, tief greifender Veränderung in ihrem Leben unterstützen. Er ist überzeugt davon das jeder Mensch etwas wichtiges und Einzigartiges für die Welt zu geben hat und unterstützt seine Klienten ihre unverwechselbare Eigenart mit Freude, Liebe und Leichtigkeit im außen zu leben.

Bibliografische Information der Deutschen Nationalbibliothek: Die Deutsche Nationalbibliothek ver-
zeichnet diese Publikation in der Deutschen Natio-
nalbibliografie; detaillierte bibliografische Daten sind
im Internet über dnb.dnb.de abrufbar.

Herstellung und Verlag:
BoD – Books on Demand, Norderstedt

ISBN: 9783750424937

INHALT

Prolog

Ich erinnere mich noch sehr gut an jene Situation, in der ich gerade dabei war, das Radfahren zu lernen. In diesem Moment erschienen mir Gedanken, Bilder und Gefühle in meinem Kopf - ich sah mich vor meinem geistigen Auge, wie ich bereits Rad fuhr.

Nur zum Verständnis: ich war gerade dabei, es zu lernen und eigentlich noch weit davon entfernt, wirklich Rad fahren zu können. Doch ab diesem Moment - an dem ich die inneren Bilder ganz deutlich vor meinem geistigen Auge wahrnahm - war alles anders und ich fuhr nur wenige Augenblicke später tatsächlich auf dem Rad die Anliegerstraße entlang. Eine Situation, die mich tief geprägt hat und mir eindrucksvoll demonstrierte, welche Kraft unsere Gedanken und Gefühle haben.

Motiviert von diesem Erlebnis und der tiefen Überzeugung (woher sie kam, weiß ich nicht) versuchte ich die gemachte Erfahrung auf alle anderen Lebensbereiche zu übertragen und mein noch sehr junges Leben aktiv zu beeinflussen.

Und vielleicht kannst du dir vorstellen, wie schwierig es als Kind ist - auch wenn die innere Überzeugung sehr stark ist - dein Leben aktiv zu beeinflussen.

Jeder Mensch kann ein selbstbestimmtes Leben nach seinen Vorstellungen leben.

Da die Antworten, die ich von meinem Umfeld auf meine Fragen erhielt, mich nie zufriedenstellten, ich oft an mir und meinen Überzeugungen zweifelte und auch mein Körper ohne medizinisch diagnostizierbare Ursache immer wieder rebellierte, machte ich mich schon früh auf die

Suche nach Antworten und Lösungen.
Nach einer Vielzahl Ausbildungen, und
nachdem ich die Technik der Visualisie-
rung bereits viele Jahre auf allen Ebenen
meines Lebens anwendete, stieß ich auf
das Geheimnis - das Gesetz der Reso-
nanz. Ich hatte endlich die Erklärung auf
das, was mein Umfeld oft nur als jugendli-
chen Leichtsinn abstempelte und konnte
mich so noch viel intensiver mit der
Transformation meines Lebens beschäfti-
gen. Doch nicht nur mein eigenes, auch
habe ich das große Glück, mittlerweile
viele tausende Patienten und Kunden auf
dem Weg ihrer persönlichen Veränderung
begleiten zu dürfen.

Das Gesetz wirkt auf allen Ebenen und
vollkommen gleich, was wir in unserem
Leben verändern wollen - Finanzen, Gesundheit, soziale Beziehungen, etc. -
durch das richtige Einsetzen unserer

Gedanken und Gefühle sind wir unserem Ziel schon ein großes Stück näher. Um noch mehr Menschen in dieses Geheimnis einzuweihen und meiner Mission zu folgen, Menschen sich selbst näher zu bringen und sie dabei zu unterstützen, ihr bestes Leben zu leben, habe ich mich entschlossen, dieses Buch zu schreiben - worin ich dich in alles einweihen werde, was du benötigst, um das Leben deiner Träume zu leben.

Viel Spaß auf deinem Weg.
Dein Artur Lorenz

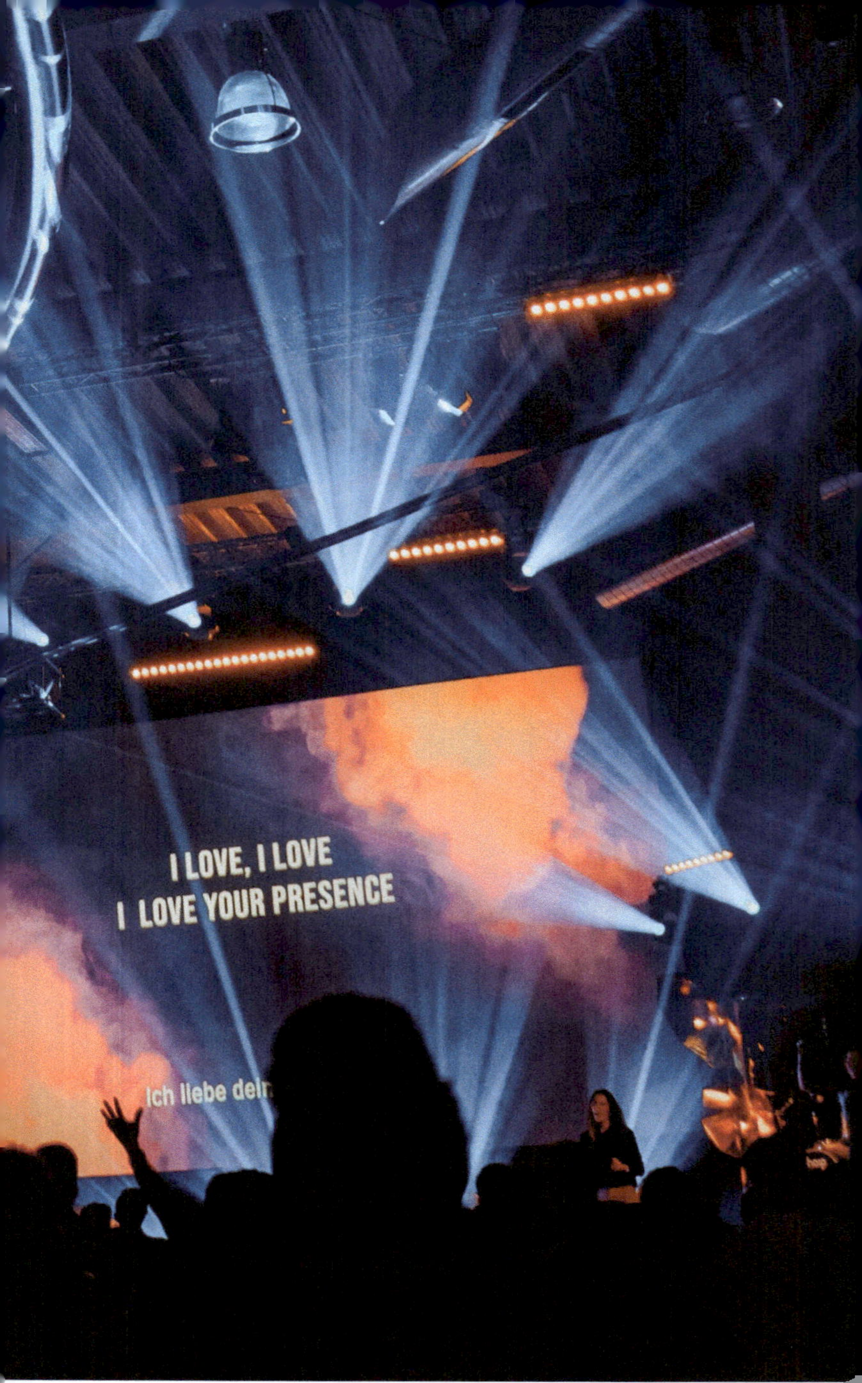
I LOVE, I LOVE
I LOVE YOUR PRESENCE

Meditation is the Key

Denken wir an Meditation, erinnert uns das oft an irgendwelche esoterischen Hippies oder das Bild eines bärtigen, mit Umhängen bekleideten Gurus, der fernab der Zivilisation im Lotussitz irgendwelchen - für uns moderne Menschen - nicht greifbaren Übungspraktiken nachgeht. So zumindest war das öffentliche Bild, welches über viele Jahre in unserer hochzivilisierten Gesellschaft geprägt wurde, sich durch die Generation der **LOHAS** (Lifestyle of Health and Sustainability) nun aber mehr und mehr verändert bzw. bereits verändert hat.

Heute sind es moderne Menschen wie du und ich, die einem ganz „normalen" Job nachgehen und am normalen gesellschaftlichen Leben teilhaben. In der Meditation suchen sie vor allem einen Ausgleich zu ihrem herausfordernden und oft hektischen Alltag. Sie streben nach einer Möglichkeit, wieder in Balance zu kommen und die - oft beunruhigenden - Gedanken effektiv loszulassen, was gerade bei den enormen Anforderungen der heutigen Zeit von entscheidender Bedeutung ist. Wir wollen doch auch in Zukunft gesund und leistungsfähig den Dingen nachgehen, die uns persönlich wichtig sind. Meditation ist dafür ein effektives Tool, welches dir hilft, dich selbst besser zu spüren, loszulassen, deine Ressourcen zu erschließen und voller Klarheit einer gesunden Life-Balance zu folgen.

Aus Erfahrung weiß ich, wie herausfordernd es sein kann, in unserem Alltag - zwischen Job, Sport, Familie und sozialen Verpflichtungen - eine regelmäßige Meditationsroutine zu schaffen. Deshalb werde ich mit dir in diesem Buch zunächst alles Wissenswerte über die

Meditationspraktik, und wie du all die Hindernisse für dich überwinden kannst, teilen, um dir im dritten Teil die von mir entwickelte 5-Phasen-Technik vorzustellen - welche dich optimal dabei unterstützt,

das Leben deiner Träume für dich zu manifestieren.

Gesundheit und Energie

Energie ist Leben und alle Worte sind, genauso wie unsere Taten, nur Energie. So hängt unser beruflicher und wirtschaftlicher Erfolg sowie die Intensität unserer Beziehungen, unsere Partnerschaft, unsere Gesundheit, Vitalität und Ausstrahlung, unsere Empathie und Feinfühligkeit und vor allem unsere Lebensfreude von unserer Energie ab.

Doch warum erzähle ich dir das? Gerade wenn wir unser Leben selbst in die Hand nehmen und bewusste Ergebnisse in unserem Leben manifestieren möchten, ist es wichtig, sich auch um unser Energiemanagement zu kümmern. So kennst du vielleicht das Gefühl, nach einem langen, ermüdenden Tag, wenn deine Gedanken am Abend unkontrolliert durch deinen Kopf rasen und es dir selbst mit größter Anstrengung nicht gelingt, in die Meditation hineinzufinden.

Im Laufe des Tages kommt es häufig dazu, dass der Energiefluss in unserem Körper durch physische und mentale Belastungen zum Erliegen kommt, was wir meist in Form von muskulären Verspannungen und Unwohlsein wahrnehmen. Dies wird durch die inneren Beurteilungen der unterschiedlichen Situationen - die zu dem Gefühl geführt haben - verstärkt und macht es uns fast unmöglich, unsere Energie auf das zu richten, was wir wirklich in unserem Leben haben möchten.

Wichtig ist, dass wir uns an solchen Tagen nicht noch zusätzlich mit irgendwelchen Manifestationstechniken unter Druck setzen und unsere Energie mehr dafür einsetzen, um all das loszulassen, was uns gerade noch beschäftigt. Damit

es aber erst gar nicht zu einem solchen
energetischen Tief kommt, müssen wir
uns frühzeitig um unsere Energie kümmern und Bewegung, Ernährung und
Entspannung als elementaren Bestandteil
unseres Lebens integrieren. All das, was
unseren Körper und Geist gesund erhält,
sorgt auch dafür, dass wir die nötige
Energie für den Manifestationsprozess finden. Dabei ist mir ganz wichtig, dass du
verstehst, dass bereits kleine Verände-
rungen große Wirkung auf unsere Energie
haben können.

So kannst du z. B. für einen besseren
Start morgens ein paar Sonnengrüße (S.
152) machen und den Tag mit ein paar
einfachen Dehnübungen ausklingen lassen. Was in der Summe vielleicht 10-20
Minuten deines Tages beansprucht, sich
aber massiv auf deine Gesundheit und
Leistungsfähigkeit auswirken wird.

Genauso auch bei der Ernährung, wo du eine deutliche Steigerung deines Wohlbefindens wahrnehmen wirst, wenn du öfter auf „echte" Nahrung statt auf Fertigprodukte zurückgreifst.

Und auch für die Entspannung musst du nicht erst Stunden deines Tages meditieren. So sorgen bereits 5 Minuten täglich für eine langfristige Veränderung deiner Gehirnstruktur und eine bessere Stressresistenz.

Was, wenn wir ehrlich sind, nicht schwierig ist. Doch müssen wir uns aktiv darum kümmern und das nicht erst, wenn die Energie bereits weg ist.

Die Kraft unserer Gedanken

Unsere Gedanken erschaffen unsere Realität. Und alles, was wir erleben, ist lediglich das Ergebnis unserer Gedanken und der Gefühle, die wir tagtäglich erleben. Dabei sind sich viele Menschen überhaupt nicht bewusst, welche tiefen Muster und Überzeugungen sie in sich tragen und wie diese, sie auch heute noch - wo zum Teil viele Jahre vergangen sind - in ihrem Leben beeinflussen.

Im Laufe unseres Lebens machen wir alle Erfahrungen, die nicht gut für uns sind, die uns wehtun und die wir am liebsten so nie mehr erleben möchten. Dies ist eine Reaktion, die menschlich ist, doch auch ist sie der häufigste Grund, warum Menschen nicht die Freude, Leichtigkeit und Balance erleben, die sie sich so sehr wünschen.

Das sind tiefe Muster, die irgendwann mal in der Kindheit gelegt wurden, indem wir selbst eine Erfahrung gemacht haben - oder wir unbewusst die Muster von unserem Umfeld übernommen haben und auch noch heute der Überzeugung sind, dass wir z. B. etwas nicht können, nicht gut genug sind, usw. Dabei ist es vollkommen gleich, wo diese Annahmen tatsächlich herkommen. Wichtig ist nur, dass wir verstehen, dass die Welt immer nur der Spiegel unserer Gedanken, Gefühle und Überzeugungen ist. Und erst wenn du deine Gedanken, Gefühle und Überzeugungen veränderst, wird sich auch dein Leben zu dem verändern, welches du dir schon so lange tief in deinem Innersten wünschst.

Du fragst dich sicher schon, wie du diese Überzeugungen aufspürst und wie du sie dann letztlich auch auflösen kannst?

Auch wenn es schwierig ist dir darauf eine pauschale Antwort zu geben, probiere ich es dennoch. So kannst du einmal deine eigenen Überzeugungen mit denen aus deinem Umfeld vergleichen. Wie denkst du und wie denkt dein Umfeld über das Leben und die unterschiedlichen Lebensbereiche? Glaubst du, dass Leben und alles, was passiert, für dich passiert? Oder liegt der Fokus auf Mangel und du fragst dich, warum es wieder dir passiert ist?

Gerade Mangeldenken ist häufig das Resultat von negativen Erlebnissen, die wir irgendwann mal in der Vergangenheit gemacht haben und die dazu geführt haben, dass wir uns eine innere Landkarte von der Funktionsweise des Lebens geschaffen haben. So wird unsere innere Erwartungshaltung vom Leben nur immer und immer wieder bestätigt.

Doch tatsächlich ist es so, dass jeder Mensch ein freies, glückliches, liebevolles und erfülltes Leben leben kann und dies nicht nur wenigen Menschen vorbehalten ist. Wenn du also das nächste Mal wieder in eine Situation kommst, in der du limitierende Gedanken wahrnimmst, versuche das Ganze doch einmal für dich umzudrehen und dich zu fragen: „Warum ist die Situation wichtig? Was kann ich daraus lernen? Und welchen kleinen Schritt kann ich heute tun, um die Limitierung mit der Zeit aufzulösen und in etwas Positives sowie Antreibendes zu verwandeln?" So werden alte Überzeugungen nach und nach weichen und du wirst das Leben deiner Träume leben können.

„Jede Erfindung der Mensch-
heitsgeschichte
war zunächst nur ein
Gedanke im Kopf eines einzelnen, der diesen
in der Realität
manifestiert hat."

Meditation Basics

Meditation ist kraftvoll und kann auch dein Leben bereichern. Dabei ist es ganz gleich, wonach du suchst, in der Meditation wirst du all das - und sogar noch viel mehr - finden. Dazu werden wir in diesem Kapitel über alles sprechen, was wichtig ist, damit auch du von all den Vorteilen - wie mehr Ruhe, Klarheit, usw. - in deinem Leben profitieren kannst.

Ich wünsche dir viel Spaß beim Anwenden und Entdecken. Wobei ich auch sagen möchte, dass es sich bei der Meditation um keine geschlossene Wissenschaft handelt. Vielmehr ist es eine dynamische Übungspraxis, die von Session zu Session sehr unterschiedlich sein kann. Wichtig ist nur, dass du offen bleibst und dir dessen bewusst bist. All die Tools, über die wir gleich sprechen werden, werden dir auf deinem Weg helfen und sollten während der Meditation geübt werden. So lange, bis sie tief in deinem Unterbewusstsein verankert sind und die Meditation, genauso wie dein Leben, bereichern, ohne dass du noch darüber nachdenken musst.

Position und energetische Ausrichtung

Das Bild der klassischen Lotussitzhaltung ist noch immer allgegenwärtig und so glauben viele Menschen, dass die Meditation auch nur in dieser einen Position praktiziert werden kann. Eine Position, die vielleicht für dich - wenn du nicht gerade seit Jahren in unterschiedlichen Yoga- und Mobilisationspraktiken übst - nahezu unmöglich ist. Und vielleicht kannst du dich auch noch an die letzte Erfahrung erinnern, als du unter größter Anstrengung und/oder Schmerzen versucht hast, die Lotussitzhaltung einzunehmen. Ein sehr unangenehmes Gefühl, welches dir vielleicht auch nicht erlaubt hat, die Tiefe in der Meditation zu erleben, welche du eigentlich erleben wolltest. Was völlig normal ist, denn tatsächlich können die wenigsten in unserer Gesellschaft lebenden Menschen diese Haltung einnehmen. Und da sich Körper und Geist in ständiger

Wechselwirkung zueinander befinden, hat eben auch jede unangenehme Empfindung auf körperlicher Ebene einen Effekt auf unseren Geist (genauso wie auch umgekehrt). Weshalb es auch so wichtig ist, dass wir uns von dem Bild der Lotussitzhaltung - auch wenn diese als klassische Meditationshaltung bezeichnet wird - lösen. Denn tatsächlich können wir, laut Literatur, in allen vier Grundhaltungen meditieren - im Sitzen, im Stehen, im Gehen und im Liegen. Du kannst wirklich in jeder beliebigen Position meditieren. Das Wichtigste ist nur, dass du dich wohlfühlst und während der gesamten Meditationsdauer aufmerksam im gegenwärtigen Moment bleiben kannst. Wobei man dafür auch seine Meditationsposition bedacht wählen sollte. So kann es z. B. sehr angenehm sein, in deinem Bett zu meditieren. Da unser Unterbewusstsein damit Schlaf assoziiert, kann es passieren, dass wir dabei sehr leicht einschlafen - was zwar erholsam sein kann, aber nicht dem Sinn der Meditation entspricht.

In anderen Positionen ist es vor allem wichtig, darauf zu achten, dass unsere Wirbelsäule (Sitz des zentralen Nervensystems und Chakras) aufgerichtet ist und wir diese Position für einen längeren Zeitraum ohne größere Anstrengung halten können. Das kann - gerade nach einem sehr herausfordernden Alltag - oft schwierig sein, weshalb ich meinen Teilnehmern empfehle, vor der eigentlichen Meditationspraxis noch ein paar einfache Dehn- oder Yogaübungen zu machen. So wird unser Körper (Muskel, Sehnen, Bänder) geschmeidiger, der Energiefluss verbessert und es fällt uns leichter in die Position als auch in die Meditation hineinzufinden. Aber auch ist es natürlich vollkommen in Ordnung, mit allerlei Hilfsmittel -

wie einem Stuhl, Kissen, Decken, etc. - zu arbeiten. Wichtig ist nur, dass du dich wohlfühlst!

Und sollten es die Umstände dennoch erfordern, die Position während der Meditation zu wechseln, ist auch das vollkommen in Ordnung. Wichtig ist nur, dass wir nicht sofort jedem kleinen Impuls, den wir erleben, nachgeben. Sondern vielmehr beobachten, wie sich das Gefühl, welches wir auf körperlicher oder mentaler Ebene erleben, mit uns macht und wie sich dieses vielleicht sogar verändert, wenn wir ihm nicht die Aufmerksamkeit schenken, die es eigentlich haben möchte.

Deine Atmung als dein Anker

Atem ist Leben und begleitet uns von der ersten bis zur letzten Sekunde unseres Lebens. Doch trotz dieser Bedeutung laufen die rund 20.000 Atemzüge, die der Mensch durchschnittlich pro Tag macht, größtenteils auf unterbewusster Ebene ab.

Vollkommen gleich was du auch erlebst, kehre nur immer wieder zurück zu deiner Atmung und lasse all das los was gerade präsent ist.

Statt aufmerksam bei unserer Atmung zu sein, sind wir oft viel zu sehr mit all den Aufgaben und Herausforderungen des alltäglichen Lebens beschäftigt. Wir vernachlässigen unsere Atmung und die Atemzyklen werden nur immer flacher und flacher, was dazu führt, dass wir nicht genügend Sauerstoff aufnehmen und das anfallende Kohlendioxid nicht mehr richtig abgeatmet werden kann. Unsere physische, wie auch mentale Belastungsfähigkeit nimmt ab und zeigt sich oft in einem Gefühl von Müdigkeit, steigender Gereiztheit und Energie- sowie Antriebslosigkeit. Ein Bewusstsein für unseren Atem bedeutet deshalb, auch ein Bewusstsein für unser Leben zu finden und allen Arten von Unruhe, Stress und Energielosigkeit effektiv entgegenzuwirken bzw. die Symptome überhaupt erst gar nicht entstehen zu lassen.

In der Meditation nutzen wir unseren Atem auch gerne als unseren Anker. Einen Anker, auf den wir unsere Aufmerksamkeit richten und der uns hilft mehr und mehr in die tiefe „Versenkung" der Entspannung zu finden. Dabei ist es ganz gleich, welche Gedanken und/oder Gefühle präsent werden. Richten wir unsere Aufmerksamkeit auf unsere Atmung, werden diese mit der Zeit genauso davonziehen, wie sie auch gekommen sind. Zurück bleibt ein Feld von Ruhe und Gelassenheit.

Was gerade für Menschen ohne Meditationserfahrung und/oder fester Routine häufig sehr herausfordernd ist. Zu dominant erscheinen einem doch die aufkommenden Gedanken und Gefühle, als dass man selbst darauf einen aktiven Einfluss nehmen könnte.
Auch wenn sich das manchmal genauso anfühlen kann und wir das Gefühl haben, keinen Einfluss auf das zu haben, was gerade passiert, sollten wir dennoch verstehen, dass die Situation erst durch unsere Aufmerksamkeit so dominant werden konnte, wie sie ist. Richten wir

dagegen unsere Aufmerksamkeit weg von dem, was uns beunruhigt, werden auch all die Gedanken und Gefühle genau so, wie sie gekommen sind, davonziehen, was mit der Zeit - wenn unsere Atmung tief in unserem Unterbewusstsein verankert ist - nur immer leichter und leichter wird.

Vertrauen finden und Kontrolle loslassen

Die meisten Menschen lieben es, ihr Leben zu planen und die volle Kontrolle über ihr innerliches genauso wie auch äußerliches Erleben zu haben. Unbewusst unterliegen wir dabei oft dem Glauben, dass wir so „schwache" Gefühle vermeiden und nur noch freudige Ereignisse erleben werden. Auch ich folgte viele Jahre diesem Irrglauben, den wir so meist von der Gesellschaft übernehmen. Was wir jedoch nicht lernen und auch für uns oft nur schwer zu verstehen ist: auch schwache Gefühle haben eine wichtige Aufgabe in unserem Leben. So schützt uns doch erst das Gefühl von Angst vor einer drohenden Gefahr oder Ekel sorgt dafür, dass wir keine verdorbenen Speisen, die nicht gut für uns wären, zu uns nehmen.

Als Kinder haben wir zu all unseren Gefühlen einen guten Zugang und nutzen diese, ohne uns durch irgendwelche

Erfahrungswerte limitieren zu lassen, meist ganz intuitiv. Mit zunehmendem Lebensalter und gemachten Erfahrungen verlieren wir jedoch häufig genau diesen Zugang nach innen und versuchen, aufgrund einer inneren Bewertung, Situationen und drohende Gefahren zu vermeiden. Wir wollen doch nicht wieder die gleichen negativen Gefühle erleben, die wir in einer anderen Situation zuvor bereits erlebt haben. So schwindet mit jeder negativen Erfahrung das Vertrauen in das Leben nur immer weiter und wir verlieren den wichtigsten Zugang: den Zugang zu unserem Herzen - dem Ort, an dem all die Wahrheit und Weisheit verborgen ist, nach dem heute viele Menschen wieder suchen.

Um diesen Zugang wiederzufinden, ist es wichtig, dass wir verstehen, wie wichtig all die negativen Emotionen in unserem Leben sind. So bringt uns das Leben tatsächlich immer nur das, was wir gerade am meisten für unser persönliches und spirituelles Wachstum benötigen. Genau das ist nämlich die Absicht unserer Seele, der Grund unserer Existenz, warum wir hier auf der Erde inkarniert sind. Unsere Seele möchte wachsen und Aspekte lernen, welche ihr zu einem absolut vollkommenen Zustand noch fehlen. Und da wir am besten aus schmerzhaften Erfahrungen lernen, brauchen wir eben auch den Schmerz als unseren wichtigsten Lehrmeister. Vertrauen zu finden heißt deshalb auch anzunehmen von dem, was ist und aufzuhören, all die inneren und äußeren Zustände, die wir erleben, zu kontrollieren oder gar zu vermeiden. Womit ich nicht sagen möchte, dass du dich hilflos der momentanen Situation hingeben und alles einfach nur so akzeptieren sollst, wie es ist. Doch bringt es eben auch nichts, wenn du all die „schwachen" Gefühle und eine Situation verurteilst, auf die du momentan vielleicht keinen aktiven Einfluss nehmen kannst - außer der deine innere Haltung zu verändern und die Situation so anzunehmen, wie sie ist, ohne dich selbst, eine andere Person, das Gefühl oder die Situation innerlich zu verurteilen. So wirst du mit der Kraft deiner Ressourcen verbunden bleiben und aus einem klaren Bewusstsein die nächsten Schritte in deinem Leben einleiten können.

Beim Eintauchen in die Meditation kann es, je nach Bewusstseinsstand und Tagesform, dazu kommen, dass mal mehr und mal weniger unliebsame Gedanken und Gefühle aufkommen. Gefühle, die wir vielleicht schon lange verdrängt haben und die unser Ego eigentlich nicht erleben möchte. Doch auch ganz gleich, was präsent wird oder wie es ist: akzeptiere die Situation und habe Vertrauen, dass alles genau so, wie es ist, nur zu deinem

Vorteil ist. So löse dich von der inneren
Bewertung und konzentriere dich immer
weiter darauf, in deine Entspannung hineinzufinden. Die Gefühle und auch Gedanken werden von ganz allein weiterzie-
hen, wenn du ihnen nicht die Aufmerksamkeit schenkst, die sie gerne hätten.

Wobei ich natürlich auch weiß, wie herausfordernd es für einen ungeübten Geist
sein kann und es gerade am Anfang etwas dauert, um Vertrauen zu finden.
Habe Geduld und gebe dir selbst die Zeit,
es lohnt sich und du wirst all das, wonach
du suchst, auch erleben.

Kindliche Neugier & Offenheit

Erinnere dich doch einmal für einen kurzen Moment zurück an deine ersten Lebensjahre und die Leichtigkeit, Offenheit und Neugier, mit der du die Welt entdecken wolltest. Im Laufe unseres Lebens verlieren die meisten Menschen genau diesen Zugang, sie limitieren sich selbst und glauben die Lösung für ihr Problem zu kennen, weil sie in der Vergangenheit eine ähnliche Situation bereits erlebt haben.

Mit zunehmendem Alter und steigender Lebenserfahrung erleben wir solche Momente natürlich immer häufiger und erschaffen uns so eine innere Landkarte von der Funktionsweise des Lebens. Tatsächlich jedoch ist es so, dass jede Situation, die wir erleben, einzigartig ist. Auch wenn eine Situation - rein äußerlich betrachtet - vielleicht einer anderen ähnelt.

gibt es sie tatsächlich kein zweites Mal. Verschließen wir uns jedoch vor der neuen Erfahrung, weil wir glauben die Lösung bereits zu kennen, verschließen wir uns auch vor neuen Referenzerlebnissen, die unser Leben bereichern könnten.

Ein erfahrener Mann kam eines Tages zu seinem Zen-Meister und sagte: „Meister, was muss ich tun, um so ruhig und besonnen zu werden wie du?" Ohne ein Wort darüber zu verlieren, begann der Meister dem Schüler Tee einzugießen. Und während die Tasse nur immer voller und voller wurde, goss der Meister immer weiter. Als plötzlich der Schüler aufschrie: „Meister, was tust du da, siehst du nicht, dass die Tasse bereits voll ist?", worauf der Meister antwortete: „Ich mache das, um dir zu zeigen, wie es mit deinem Geist ist – der bereits voll an Wissen und Erfahrung ist und nichts Neues mehr aufnehmen kann."

Womit ich nicht sagen möchte, dass alle Erfahrungen schlecht sind, sie geben uns doch auch viel Halt und Orientierung in unserem Leben. Doch wenn wir glauben: „Das weiß ich schon", oder: „Das kann ich schon", hat alles Neue, das in unser Leben kommen könnte, gar keine Chance, überhaupt erst zu entstehen. Wir limitieren uns selbst und werden auch in der Meditationspraxis nie die ganze Tiefe erleben, die wir erleben könnten. So werden wir aus einem unterschwelligen Gefühl - Angst vor dem Unbekannten - überhaupt nicht loslassen, jeden kleinen Impuls innerlich bewerten und daraus meist wieder dieselben Gefühle erschaffen, die wir in der Vergangenheit auch schon erlebt haben. Wir drehen uns im Kreis und schaffen es nicht, ein Leben in Balance, Leichtigkeit und innerer Freiheit zu leben.

Hab keine Angst! Alles was passiert, passiert aus einem bestimmten Grund (Lernaufgabe unserer Seele) und ist dazu da, neue Erfahrungen außerhalb unserer selbsterschaffenen Grenzen zu machen. Da wir dieses Gefühl der Leichtigkeit, Neugier und Offenheit bereits als Kinder sehr gut kannten, gilt es jetzt, nur das Vertrauen wiederzufinden, loszulassen und uns für all die Erfahrungen zu öffnen, die in unser Leben kommen möchten.

Disziplin vs. Meditation

Meditation und Disziplin? Zwei Gegensätze, die eigentlich nicht zusammenpassen und doch kann das eine ohne das andere nicht sein. Die meisten Menschen bringen mit Disziplin Anstrengung, Kampf und Überforderung in Verbindung - Attribute, die völlig konträr zum Konzept der Meditation sind, wo es doch eigentlich um achtsames Sein und nicht darum, etwas zu müssen. Wie also passen diese beiden Extreme zusammen?

Um dir das zu verdeutlichen, möchte ich dich gerne einmal einladen, dir die Situation vorzustellen, wenn du abends nach einem langen Tag endlich zu Hause bist und vor der Wahl stehst, es dir auf deinem Sofa gemütlich zu machen - was, zugegeben, in dem Moment sehr verlockend ist - oder - du entgegen deinem Gefühl - doch noch einmal auf deine Yoga-/ Gymnastikmatte gehst, um ein paar Körper- und/oder mentale Übungen zu machen.

Das ist eine Situation, die wir so oder so ähnlich doch alle kennen und auch bei mir gibt es Tage, an denen das Sofa als der klare Gewinner aus meinem inneren Dialog hervorgeht, was auch völlig in Ordnung ist. So dass wir den Moment dann auch, ohne ein schlechtes Gewissen haben zu müssen, genießen sollten.

Doch auch wenn es solche Tage immer mal geben kann und auch darf, ist es dennoch wichtig, dass sie nicht zur Regel werden und wir uns - trotz einem langen und anspruchsvollen Tag - auf unsere Matte begeben, aktiv loslassen und so dann unsere Entspannung hinterher auf dem Sofa noch viel besser genießen können. Oder dass wir morgens eine halbe Stunde früher aufstehen, um gestärkt und voller Klarheit in unseren Tag zu starten.

Für all das brauchen wir Disziplin. Diese
bringt uns erst zu unserer Meditationspraxis. Aber auch brauchen wir eine gewisse
Disziplin, um das herausfordernde Gefühl,
welches während der Meditationspraxis
aufkommen kann, zu überwinden. Statt
die Session abzubrechen, bleiben wir in
dem Gefühl und beobachten, was es mit
uns macht und wie es sich verändert,
wenn wir dem Gefühl nicht die Aufmerksamkeit schenken, die es gerne hätte.

Das wird mit der Zeit und einer gewissen
Übung immer leichter, so dass die Disziplin dann auch mehr und mehr der Freude
und Leichtigkeit weichen kann. Gerade
am Anfang ist sie jedoch enorm wichtig,
um überhaupt erst eine Routine für sich
zu schaffen.

Beständigkeit

Auch wenn ich es bereits in den Kapiteln zuvor erwähnt habe, finde ich es dennoch wichtig, es hier noch einmal anzusprechen. Meditation bietet alle möglichen Vorteile und auch du kannst schon bald von weniger Stress, mehr Energie, oder nach was du auch immer in deinem Leben suchst, profitieren. In der Meditation wirst du alles finden, wonach du suchst, auch das, woran du bisher vielleicht noch nicht einmal gedacht hast. Wichtig dafür ist es jedoch, sich regelmäßig in der Meditation zu üben.

Zwar wirst du nach einer einmaligen Meditationssession bereits einige Vorteile für dich erleben, doch ist für eine nachhaltige Veränderung unserer - zum Teil über Jahre und Jahrzehnte manifestierten - Denk- und Gefühlsmuster eine regelmäßige Übungspraxis essenziell. Was du ganz gut mit körperlichem Training vergleichen kannst. So ist es zwar schön mal wieder zum Sport zu gehen und du wirst dich nach der Session vielleicht sogar auch richtig gut fühlen, lässt du die nächste Einheit jedoch ausfallen, fängst du meist wieder bei Null an oder du schaffst es überhaupt nicht mehr, hineinzufinden, da die letzte Einheit schon Jahre zurückliegt.

Unser Körper, genauso wie auch unser Geist, brauchen regelmäßige Trainingseinheiten. Dabei musst du nicht erst - wie viele Menschen glauben - Stunden deines Tages mit irgendwelchen Übungspraktiken verbringen, sondern wirst bereits mit 5 Minuten täglich vielfältige Effekte erleben und durch die Regelmäßigkeit neue Verhaltensmuster in deinem Leben manifestieren können.

Da ich aus Erfahrung weiß, wie schwer sich - trotz des Wissens - viele Menschen tun, eine regelmäßige Meditationseinheit in ihren Alltag zu integrieren, möchte ich dich gleich dazu einladen, dir einmal zu überlegen, warum du es überhaupt tun solltest.

Hast du dich schon einmal gefragt, warum du überhaupt meditieren möchtest? Sicher möchtest du dich besser fühlen, doch tust du das nicht auch, wenn du dich auf dein Sofa legst? Der Aufwand, den du betreiben musst, ist bei der Meditation jedoch deutlich höher. Und da der Mensch immer Energie sparen möchte, gewinnt in den meisten Fällen dann eben das Sofa.

Deshalb ist es wichtig, einen tieferen Grund zu finden. Wie würde dein Leben dann sein? Was verändert sich ganz konkret? Wenn es dir schwerfällt, kannst du dir auch einmal überlegen, was wäre, wenn du es nicht machen würdest. Wie würdest du dich dann fühlen?

Du fühlst dich ständig gestresst, bist ängstlich und spürst eine innere Unruhe? Grund genug, um keinen Tag länger zu warten und noch heute eine feste Routine für dich zu schaffen.

„Erst durch die Regelmäßigkeit der Meditationspraxis, werden sich all die Vorteile einstellen."

„Fehler" der Meditationspraxis

Du hast nun alles, was du benötigst, um eine regelmäßige Meditationspraxis für dich zu schaffen. Doch weiß ich eben auch, dass es auf diesem Wege eine Menge Herausforderungen geben kann, weshalb ich nun gerne noch über typische „Fehler" in der Meditation sprechen möchte.

> *Der einzige „Fehler" ist es,*
> ***nicht** zu meditieren.*

Wobei man auch sagen muss, dass es tatsächlich kein Gut oder Schlecht gibt und schon die Beurteilung der Fehler in sich ist. So ist es ganz gleich, wie es ist oder wie du die Meditation für dich erlebst - solange du dein Bestmögliches gibst und versuchst das umzusetzen, was die Meditation in ihrer Essenz ist: **ein achtsames Sein ohne Wertung von dem, was da ist oder auftauchen könnte.**

Erwartungshaltung

„Ich möchte mich durch die Meditation entspannter fühlen!" - „Mein Ziel ist mehr Klarheit zu finden!" - „Ich möchte einen Ausgleich zu meinem hektischen Alltag finden!"

Kennst du solche oder ähnliche Aussagen von dir selbst? Es ist doch nämlich ganz klar, dass wir alle ein gewisses Ziel verfolgen und nicht einfach nur unsere Zeit „sinnlos verplempern" möchten. Auch wenn ich dich gerade genau dazu aufgefordert habe, dir zu überlegen, warum du überhaupt die Meditation als feste Routine in dein Leben bringen möchtest, ist auch genau dieses Ziel - so individuell es auch sein mag - der Grund, warum wir nicht die Erfahrung machen und das erleben, wonach wir eigentlich suchen.

Gerade am Anfang fokussieren wir uns meist zu stark auf das Ziel und versuchen dieses fast krampfhaft zu erreichen. So fragen wir uns während der Meditation immer wieder selbst: „Bin ich schon entspannt?", oder wir urteilen in Form von: „Ich bin noch nicht entspannt." Wie ich schon gesagt habe, ist es sehr wichtig, ein Ziel zu haben, das uns motiviert und antreibt, die Meditation auch als feste Routine in unserem Leben zu etablieren. Jedoch nicht während der Meditation selbst! Sobald du in die Meditation eingetaucht bist, gilt es, den Augenblick und all das, was der Moment für dich bereithält, zu genießen. Die Effekte und das, was du dir vorgenommen hast, zu erreichen, wird mit der Zeit von ganz allein kommen, ohne dass du die ganze Zeit innerlich

daran festhalten oder krampfhaft versuchen musst, etwas zu erzwingen

Wo Dunkel ist, ist auch Licht

Der rational veranlagte Mensch vertraut
meist nur sehr schwer. Viel lieber möchte
er über alles, was in seinem Leben passiert, die Kontrolle haben. Was dazu führt,
dass jede Situation, jedes Wort und auch
jedes noch so kleine Erlebnis analysiert
und bewertet wird. Tatsächlich ist jedoch
genau das der Grund, warum viele Menschen in unserer Gesellschaft an körperlichen oder seelischen Beschwerden lei-
den. Sie haben das Vertrauen in das Leben verloren und versuchen, dieses mit
aller Macht zu kontrollieren. Gerade am
Anfang deiner Meditationspraxis kann es
dazu kommen, dass ganz viel Schmerz,
der über Jahre verdrängt wurde, an die
Oberfläche kommen möchte. Versuchen
wir diesen jedoch zu kontrollieren oder

gar zu vermeiden, geben wir ihm erst die Dominanz, die er hat.

Mache dir bewusst, dass all der Schmerz wichtig ist und dass irgendwann auch wieder Licht kommen muss. Dies entspricht einem universellen Naturgesetz: wo Dunkel ist, muss auch Licht sein - wie auch sonst könnten wir das Dunkel überhaupt wahrnehmen? Das Problem vieler Menschen ist jedoch, dass sie im Laufe ihres Lebens dieses Urvertrauen verloren haben und meist wieder da aufhören, wo der Schmerz am größten ist. So beginnen sie jedes Mal von vorne und machen es sich selbst schwer, das Licht zu erleben, welches hinter all dem Schmerz verborgen liegt.

Vertraue darauf das alles,
so wie es ist, nur zu
deinem Besten ist.

FAQ

In all den Jahren meiner Arbeit, mit tausenden von Menschen, kamen bei meinen Teilnehmern auch immer Fragen auf, die sie in Bezug auf die Meditation beschäftigten. Da ich glaube, dass die Antworten auch für dich und deine Meditationspraxis hilfreich sein könnten, möchte ich die häufigsten der gestellten Fragen hier an dieser Stelle gerne ansprechen.

Aber auch möchte ich dich einladen ein Mitglied einer starken Community zu werden und der Facebook Gruppe „mindevolve Community" beizutreten. Die Community unterstützt dich gerne bei allen Fragen rund um dein spirituelles wie auch persönliches Wachstum. Aber auch wird es dort immer wieder exklusive Veranstaltungen, wie z. B. Gruppenmeditationen, geben. Die Community freut sich auf dich!

#1 Wie lange dauert eine wirksame Meditationspraxis?

Gerade sehr rational veranlagte Menschen neigen oft dazu, etwas in Zahlen und konkreten Daten zu messen. Was uns, wie wir schon angesprochen haben, eher von der Tiefe der Meditationspraxis abhält.

Tatsächlich ist eine genaue Angabe zu machen eigentlich nicht möglich. Unser Alltag und die Situationen, in denen wir uns wiederfinden, sind oft sehr unterschiedlich. So sind für den einen 5 Minuten ein echter Segen, wo jemand erst 5 Minuten benötigt, um überhaupt anzukommen. Wichtig ist, dass sich die Meditation für dich gut anfühlt und sie zu dir passt. Für mich persönlich habe ich herausgefunden, dass zweimal täglich 15-20 Minuten sehr wirksam sind, doch weiß ich auch, dass es so nicht für jeden

Menschen funktioniert. Weshalb ich dich auffordern möchte, offen zu sein und für dich selbst zu experimentieren. Was passt am besten zu dir und deinem Leben? Wobei wir uns unbedingt von dem Gedanken „viel bringt viel" lösen müssen. Das Wichtigste ist, dass du dich wohlfühlst und es keinen zusätzlichen Stress macht, während der gesamten Zeit im gegenwärtigen Moment zu bleiben.

Da es für Menschen, die am Anfang ihres Meditationsweges stehen, oft schwierig ist, für einen längeren Zeitraum im gegenwärtigen Moment zu bleiben, empfehle ich Anfängern gerne eine Meditationsdauer von maximal 5 Minuten, was vielen auf den ersten Blick recht kurz erscheint.

Tatsächlich jedoch kann dies schon herausfordernd genug sein und es wird dir - auch wenn du vielleicht am Anfang keine großen Effekte spürst - leichter fallen, eine feste Routine zu schaffen. Und wenn diese erst einmal da ist, wird sich auch die Meditationszeit von ganz allein verändern.

#2 Müssen meine Augen geschlossen sein?

Nein, du kannst auch mit offenen Augen meditieren - wobei ich immer die Variante mit geschlossenen Augen empfehle.

Offene Augen haben den Nachteil, dass der visuelle Stimulationskanal geöffnet ist und wir ganz leicht durch kleinste Bewegungen, wie z. B. Lichtveränderung, etc. in unserer Konzentration abgelenkt werden können. Grundsätzlich ist es jedoch möglich auch mit offenen Augen zu meditieren, wofür es - auch wenn wenig verbreitet – spezielle Meditationsformen wie die „Tratak-Meditation" gibt.

#3 Was ist der Unterschied zwischen der Meditation und der Hypnose?

Beide Techniken arbeiten mit dem Grundzustand der Trance, weshalb sie relativ ähnlich sind. Und dennoch unterscheiden sich beide Techniken vor allem in der Zielsetzung. Wird die Hypnose (keine Showhypnose) als passive Maßnahme primär zu therapeutischen Zwecken und zur Behandlung von meist seelischen Leidensmustern verwendet, ist die Meditation dagegen eine eher aktive Maßnahme, deren Primärziel in der körperlichen wie seelischen Entspannung liegt. Wobei die tatsächliche Abgrenzung oft sehr schwierig ist und man viele Elemente, die einer klassischen Hypnose zugeordnet werden können, auch in vielen Meditationen - wie auch der 5-Phasen-Meditation, welche ich dir noch im Detail vorstellen werde - wiederfindet.

#4 Wann ist die beste Tageszeit, um zu meditieren?

Auch wenn Forschungen gezeigt haben, dass unser Unterbewusstsein in den frühen Morgen- und späten Abendstunden am empfänglichsten ist und sich deshalb diese Zeit ganz hervorragend für die Meditation eignet, macht es dennoch wenig Sinn sich danach zu richten. Die Meditation muss zu dir und deinem Leben passen, nicht umgekehrt. Wähle deshalb eine Zeit, in der du es dir am besten in deinem Alltag einrichten und ungestört bei dir selbst bleiben kannst.

#5 Wie kann ich meine Gedanken stoppen?

Wer hat eigentlich gesagt, dass du deine Gedanken stoppen musst? Noch immer kursieren diese Mythen und viele Menschen glauben, dass während der Meditation keine Gedanken präsent sein dürfen. Was jedoch den wenigsten gelingt und bei den meisten Menschen sogar zusätzlichen Stress auslöst (innere Bewertung). Meditation ist - anders als angenommen - kein gedankenfreier Raum, sondern vielmehr eine Zeit des Bewusstwerdens, was da ist und was die Gedanken mit einem machen - ohne sich bestenfalls davon beeinflussen zu lassen (was eine Sache der Übung ist). Sei einfach nur präsent und beobachte einmal, was deine Gedanken, die aufkommen, mit dir machen und welche Gefühle durch sie ausgelöst werden, während du auch weiterhin in deiner Entspannung bleibst und die Gedanken nach und nach davonziehen lässt, weil du ihnen nicht die Aufmerksamkeit schenkst, die sie benötigen.

#6 Wie kann ich verhindern, dass ich während der Meditation einschlafe?

Prinzipiell kannst du ein Einschlafen nicht verhindern und doch ist es wichtig zu verstehen, warum du überhaupt einschläfst.

Zum einen kann dies an deiner Position liegen. Wenn du beispielsweise im Bett versuchst zu meditieren, assoziiert unser Unterbewusstsein damit Schlaf und das Einschlafen ist somit ein ganz natürlicher Mechanismus. Abhilfe schafft eine andere Haltung (z. B. Sitz). Solltest du jedoch, unabhängig von der Position, immer wieder einschlafen, ist dies ein Zeichen für mentale Erschöpfung. Wahrscheinlich läufst du auch bereits in deinem Alltag auf dem „Zahnfleisch", fühlst dich oft müde, abgeschlagen und bist leicht reizbar. Ein liebevolles Zeichen deines Geistes, das du ernst nehmen solltest! Deine Energiereserven sind leer und Körper und Geist brauchen dringend eine Pause, die du ihnen durch die Meditation, aber auch durch mehr Achtsamkeit im Alltag schenkst.

#7 Wann weiß ich, dass ich wirklich meditiere und die Meditationspraxis gut war?
Es gibt kein Gut oder Schlecht und auch vollkommen gleich wie tief oder wenig tief die Meditation tatsächlich war - sie war gut. So ist jede Minute, die wir uns in unserem zum Teil hektischen Alltag nehmen, wertvoll und wir werden davon profitieren - das kann ich dir versprechen. Wichtig ist nur, dass wir endlich aufhören, das, was wir erleben, zu beurteilen und uns selbst erlauben, den gegenwärtigen Moment „einfach" nur zu genießen. Genau jetzt!

„Du kannst dein Ziel
nur erreichen, wenn du weist
wohin du gehen willst."

Deine gratis envision your life –
5 Phasen Meditation zum download.

http://mindevolve.de/**5Phasen-Meditation**

envision your life

Niemand ist so wie du und niemand kann dir sagen, was für dich das Richtige ist. Zu erkennen und zu wissen, was du für deine Erfüllung im Leben brauchst, ist vielleicht der wichtigste Schritt auf dem Weg in deine Kraft. Diesen Schritt wollen wir nun gemeinsam gehen und ich möchte dir eine speziell von mir entwickeltes 5-Phasen-Modell vorstellen.

Wenn ich Menschen frage, wie ihr Leben sein soll, erzählen sie mir oft bis ins letzte Detail, wie es nicht mehr sein soll. Auf die eigentliche Frage haben die meisten Menschen jedoch keine Antwort. Sie sind viel zu sehr mit all den Dingen beschäftigt, die ihr aktuelles Erleben bestimmen und sie sind sich oft nicht einmal selbst bewusst, wie ihre Vergangenheit noch heute ihr Leben beeinflusst. Aus diesem Grund habe ich das 5-Phasen Modell entwickelt - eine Technik, inkl. Meditation, welche dich optimal dabei unterstützt, einen tiefen Zugang in dein Innerstes zu finden, Altes loszulassen und mit Freude und Leichtigkeit eine Vision von deinem Wunschleben zu erschaffen.

„Außergewöhnlich zu leben bedeutet für mich, seine einzigartige Persönlichkeit zu entfalten und das Leben seiner Träume zu leben. Und so nicht nur für uns selbst, sondern für alle Menschen die Veränderung zu sein, die wir uns für die Welt wünschen."

Dabei ist es ganz gleich, wo genau du gerade in deinem Leben stehst und welche Umstände dich in deinem Leben zurückhalten. Auch du kannst schon bald eine klare Vision erschaffen und das Leben deiner Wünsche leben.

Ich wünsche dir ganz viel Spaß dabei!

Herzintelligenz *(Phase 1)*

All die Wahrheit und Weisheit, nach der du vielleicht schon so lange in deinem Leben suchst, ist bereits tief in deinem Innersten verankert. Viele Menschen verlieren jedoch im Laufe ihres Lebens den Zugang nach innen, es fällt ihnen schwer, ihre innere Stimme zu hören und sie schaffen es nicht, ihr zu vertrauen. Dabei ist es doch genau diese Stimme, die immer am besten weiß, was für uns am besten ist. Um diesen Zugang zu deiner inneren Stimme geht es in der ersten Phase. So wirst du dich selbst besser spüren und das Vertrauen finden können, deinem Herzen zu folgen.

Und auch wenn ich nicht genau weiß, wie du darüber denkst, dass alle Wahrheit und Weisheit in uns verankert ist, möchte ich, dass du dennoch verstehst, dass unser Herz weitaus mehr ist, als nur ein

Organ, welches unseren Körper mit Blut versorgt. So beeinflusst und verstärkt unser Herz - laut wissenschaftlichen Untersuchungen - unsere Gefühle und all die Emotionen, die wir erleben. Eine Verbindung, die uns tatsächlich sehr vertraut ist und zu der wir als Kinder einen sehr guten Zugang hatten. Wir waren frei und konnten unsere Gefühle meist so, wie wir sie erlebten, zum Ausdruck bringen. Im Laufe unseres Lebens verlieren wir jedoch häufig - aufgrund von kulturellen und gesellschaftlichen Einflüssen, die uns sagen wie wir sein sollen und wie wir uns zu verhalten haben - diesen Zugang und entfernen uns nur immer weiter von uns selbst. Und da wir alle tief in unserem Innersten nur anerkannt und geliebt werden möchten, beginnen wir aus Angst, nicht die Zuneigung von anderen Menschen zu erhalten, uns anzupassen und unser einzigartiges Sein zu verleugnen oder gar uns selbst dafür zu verurteilen.

Ich, zum Beispiel, bin ein sehr feinfühliger Mensch, der in einem rational geprägten Umfeld aufgewachsen ist und so musste ich früh feststellen, dass ich anders war wie viele andere in meinem Umfeld. Und auch passte das Gefühl nicht zur klassischen Rollenverteilung und dem Bild eines „starken" Mannes, welches in unserer Gesellschaft vertreten wird. So machte ich das, was die meisten tun, ich verurteilte mich selbst und kämpfte jahrelang gegen meine inneren Gefühle an. Was mir mit großer Mühe auch teilweise gelang - jedoch entfernte ich mich dadurch auch immer weiter von mir und dem, was mich tief in meinem Innersten doch auszeichnet.

Vielleicht bist auch du ein solcher Mensch
und hast etwas Ähnliches erlebt, du wur-
dest von anderen verurteilt oder hast dich
selbst verurteilt und gegen etwas ange-
kämpft, was ein Teil von dir ist. So dass
es dir heute schwerfällt, deiner inneren
Stimme zu vertrauen. In der ersten Phase
darfst du diese Verbindung wieder stär-
ken. Wobei ich aus eigener Erfahrung sagen kann, das dass, was du am meisten
an dir verurteilst, deine „Superpower" ist.
Habe den Mut, all das, an was du bisher
geglaubt hast, loszulassen und erlaube es
dir, deiner inneren Stimme - welche am
besten weiß, was für dich am besten ist -
zu vertrauen. So wirst du all das, wonach
du suchst und auch das, wonach du bisher noch nicht gesucht hast, finden.

Ablauf *(Phase 1)*

Mache es dir bequem und lenke deine Aufmerksamkeit zunächst einmal auf deinen Atem… Bleibe für einen Moment dabei und erlaube es dir, alles was dich jetzt noch beschäftigt, nach und nach loszulassen… So dass du den Moment für dich genießen und deinen Atem langsam etwas tiefer werden lassen darfst… Atme ruhig und tief und zähle, wenn du möchtest, innerlich für dich mit… (Atme ein) 1…2…3…4…5… und wieder aus 1…2…3…4…5… und während du ganz aufmerksam dabei bleibst, stelle dir einmal vor, wie dein Atem dich mit deinem Herzen verbindet, wie dein Atem direkt zu deinem Herzen fließt und es mit jeder Einatmung nur kraftvoller und kraftvoller wird oder in Form eines Lichtes beginnt, immer heller und heller zu leuchten. Bleibe dabei und nehme all die Gefühle wahr, welche präsent sind oder es werden.

WICHTIG! Gerade am Anfang können negative Gefühle, welche wichtig sind, do-
minieren. Lasse sie zu und beobachte sie
- ohne sie zu beurteilen - so dass sie
ohne deine Aufmerksamkeit dann auch
davonziehen werden.

Nicht die Glücklichen sind
dankbar. Es sind die Dankbaren,
die glücklich sind.

Francis Bacon

Dankbarkeit *(Phase 2)*

Dankbarkeit ist eines der kraftvollsten Gefühle, welche wir nur erleben können und tatsächlich gibt es - unabhängig von der Situation - so viel, für das wir in unserem Leben dankbar sein können. So sehen Menschen, die Dankbarkeit empfinden, Dinge mit anderen Augen und jeglicher Mangel ist ihnen fremd.

Und auch wenn wir manchmal ein anderes Gefühl haben, ist es vor allem unsere Perspektive, die darüber entscheidet, ob wir die wundervollen Details, die tollen Menschen, die Fähigkeiten, die Worte und die Umgebung, in der wir uns gerade befinden, auch erkennen können oder ob wir nur das sehen, was uns zu unserem scheinbaren Glück noch fehlt. Richten wir unsere Aufmerksamkeit jedoch auf das, was bereits da ist und machen uns bewusst, welche schönen Dinge uns bereits umgeben, wird sich auch unsere emotionale Grundstimmung von einem auf den nächsten Moment verändern und wir werden mehr Freude, Leichtigkeit und Vitalität erleben.

Dabei sollte diese Fähigkeit - genauso wie auch ein Muskel unseres physischen Körpers - trainiert werden, um stärker zu werden und uns so in allen Situationen unseres Alltages optimal zu unterstützen. So werden wir - unabhängig von der Situation - mit unseren Ressourcen und einem positiven Gefühl verbunden bleiben und uns nur immer und immer weiter unserem Wunschleben nähern.

Dankbarkeit ist ein echtes Geschenk, welches du dir und deinem Leben machen kannst. Weshalb ich dich auch einladen möchte, unabhängig vom Manifestationsprozess, es dir als tägliche Routine in deinem Leben einzurichten - dir bewusst zu machen, wofür du in deinem Leben dankbar sein kannst. Nimm dir dazu einfach einmal morgens, nach dem Aufstehen, oder abends, kurz vor dem zu Bett gehen, ein wenig Zeit und mache dir bewusst, wofür du aktuell in deinem Leben dankbar sein kannst oder möchtest und schreibe dir diese Dinge auch gerne einmal auf. Während du dich einfach nur mit den Gefühlen verbindest, die deine Gedanken in dir auslösen.

Nutze nun gerne einmal diese Zeilen und notiere dir 5 Dinge, für die du jetzt gerade dankbar sein kannst:

Ich bin dankbar für…

Ich bin dankbar für…

Ich bin dankbar für…

Ich bin dankbar für…

Ich bin dankbar für…

Während der zweiten Phase darfst du dir diese Dinge, Eigenschaften, Situationen dann wieder in dein Bewusstsein rufen und sie dir liebevoll selbst vorsprechen, während du erlebst, was deine Worte in dir auslösen und wie du dich mehr und mehr mit dem kraftvollen Gefühl der Dankbarkeit verbindest.
Viel Spaß dabei!

Selbstwertgefühl *(Phase 3)*

Wir wachsen in einer Gesellschaft auf, in der wir seit unserer Kindheit mit anderen Kindern verglichen werden. Ob beim Sport, in der Schule oder auch beim Spiel in der Freizeit, unsere Leistung wird immer mit der anderer verglichen.

Viele Menschen wachsen so in der unterbewussten Überzeugung auf, dass wir alle gleich sein müssen - wir gleich sprechen, uns gleich bewegen, gleich aussehen und alle die gleichen Verhaltensweisen haben sollten. Und auch wenn wir oberflächlich betrachtet natürlich alle gleich sind, sind wir dies in unserer Essenz doch nicht. Jeder Mensch ist einzigartig und hat seine eigenen Fähigkeiten, die nur dich auszeichnen und zu dem wundervollen Menschen machen, der du bist.

Aufgrund der äußeren und inneren Vergleiche mit anderen und dem, was wir lernen, legen wir auch selbst unseren Fokus mit der Zeit auf unsere vermeintlichen „Schwächen", die wir fortan versuchen, auszugleichen. Wir wollen doch alle geliebt werden und die Anerkennung bekommen, die wir uns tief in unserem Innersten wünschen. Solange wir uns jedoch nur auf unsere „Fehler" reduzieren und an dem negativen inneren Dialog über uns festhalten, werden wir auch nie ein gutes Selbstwertgefühl haben.

Selbstwert ist - auch wenn wir es früh in unserem Leben vielleicht anders gelernt haben und tief in unserem Unterbewusstsein noch bei den meisten Menschen so präsent ist - nichts, das von außen kommt, sondern immer nur, wie der Name sagt, der Wert, den wir uns selbst geben.

>> „Selbst" und „Wert" <<

Die Frage ist also nicht, wie wir es schaffen können von anderen die Wertschätzung zu bekommen, die wir uns wünschen, sondern vielmehr welchen Wert wir uns selbst geben möchten.

Welchen Wert gibst du dir selbst?

Da das Außen immer nur ein Spiegel unserer inneren Überzeugungen ist, werden wir auch - sobald wir uns selbst den Wert geben, den wir uns wünschen - im Außen die Anerkennung erhalten, nach der viele Menschen zum Teil ein Leben lang suchen.

Ein gutes Selbstvertrauen beruht immer auf unseren eigenen Gedanken und den damit einhergehenden Gefühlen. Und da wir frei sind zu denken, was immer wir denken möchten, sollten wir unsere Gedanken so einsetzen, dass sie für uns förderlich sind. Was gar nicht so schwierig ist. Erinnere dich doch nur einmal an deine ersten Lebensjahre: waren diese nicht von einem grenzenlosen Vertrauen gekennzeichnet?

*Kinder zweifeln nicht an sich und
sind durchzogen von tiefer
Überzeugung über ihren Wert.*

Als göttliche Wesen - die wir alle sind -
hatten wir nicht das Gefühl, uns mit anderen zu vergleichen. Wir lebten frei von
Ängsten, Sorgen und Zurückweisungen
unserer Vollkommenheit und hatten großes Vertrauen in unseren Wert, was uns
unser Umfeld nur immer und immer wieder bestätigte. Deinen Selbstwert zu stär-
ken ist somit auch ein Zurückbesinnen
auf das, was in deinem Innersten schon
lange da ist. Womit du jetzt gleich beginnen darfst. Notiere dazu einmal auf der
nächsten Seite 10 Dinge, die dir über
dich einfallen und die dich auszeichnen.
Was macht dich zu dem besonderen

Menschen, der du bist? Was beneiden andere Menschen vielleicht sogar an dir?

Diese Dinge darfst du dir in der dritten Phase der Meditation ins Bewusstsein rufen, sie innerlich für dich aussprechen und dich dabei mit den positiven Gefühlen verbinden, die damit einhergehen. Ich wünsche dir viel Spaß dabei!

Wichtig! Häufig fallen uns nicht direkt 10 Eigenschaften ein, die uns auszeichnen, oder es fällt uns schwer, die passenden Emotionen zu erleben. Setze dich deshalb nicht zu sehr unter Druck und ergänze die Liste mit der Zeit immer weiter. Und wenn du mehr Dinge findest, ist das auch schön.

Was macht dich so besonders?

1.
_____

2.
_____

3.
_____

4.
_____

5.
_____

6.
_____

7.
_____

8.
_____

9.
_____

10.
_____

11.
_____

12.
_____

„Die Wunde tut
nur so weh, weil du
daran festhältst"
Lass los!

Vergebung *(Phase 4)*

Wir alle sind unseren eigenen - ganz persönlichen - Weg gegangen und haben Situationen erlebt, die uns in unserer Persönlichkeit geformt und beeinflusst haben. Nicht selten gab es dabei Menschen, die uns schlecht behandelt oder gar tief verletzt haben. Verletzungen, mit denen viele Menschen nicht abgeschlossen haben und sie auch heute - wenn zum Teil bereits viele Jahre seitdem vergangen sind - den Schmerz und Groll noch immer in sich tragen.

Für ein glückliches und freies Leben ist es wichtig, zu vergeben und uns von all dem alten Schmerz zu befreien, der tief in uns sitzt. Häufig hält uns davon jedoch die tiefsitzende Überzeugung, dass Vergebung gleichbedeutend mit Akzeptanz dafür ist, was uns irgendwann einmal angetan wurde, ab. Und da wir (unser Ego) das nicht akzeptieren können (kann) und möchten (möchte), halten wir noch immer lieber an dem vergangenen Schmerz und dem emotionalen Gift, welches die Situationen in uns auslöst, fest.

Dabei ist es vollkommen gleich, was genau du erlebt hast oder was dir irgendwann einmal widerfahren ist, ob du im Recht oder im Unrecht warst. Wenn du nicht bereit bist, das alles loszulassen und zu vergeben, wird dich das Vergangene auch weiterhin bewusst - oder auch ganz unbewusst - beeinflussen und zurückhalten. Das kann man sich in etwa wie eine kleine Dosis Gift vorstellen. Emotionales Gift, welches dir vielleicht völlig harmlos erscheint und du seine Auswirkungen auch kaum merkst, mit der Zeit jedoch wird es immer stärker und stärker und sorgt dafür, dass du dein Herz auch in Zukunft nur immer weiter vor all dem

Schönen - was dein Leben bereichern könnte - verschließt.

Bevor du dich gleich selbst einmal mit der Frage auseinandersetzen darfst, ob du wirklich bereit bist, dem Menschen (wer auch immer das ist) zu vergeben und die Situation für dich abzuschließen, ist es noch wichtig, dass du verstehst, dass Vergebung primär ein innerlicher Prozess ist. Du musst der Person weder äußerlich vergeben, noch musst du es für gut empfinden, was die Person getan hat. Es geht einzig und allein um das innerliche Abschließen mit der Vergangenheit und dem Loslassen all der negativen Gefühle, die heute vielleicht noch da sind.

Und auch ist es wichtig, dass du verstehst, dass jeder Mensch immer nur nach bestem Wissen und Gewissen handelt. Da die Entwicklung unseres

Bewusstseins zu unseren größten spirituellen Lernaufgaben gehört, kann auch das Bewusstsein von Mensch zu Mensch sehr unterschiedlich sein. Jeder Mensch tut das, wovon er innerlich überzeugt ist - auch Menschen, die Gewalt verüben oder gar Straftaten begehen, haben die Überzeugung, dass es richtig ist, was sie tun und sie es so tun müssen. Und auch - wenn ich damit nicht sagen möchte, dass es in Ordnung ist, es ethisch wie auch moralisch verwerflich sein kann - tun Menschen dies doch, weil sie es selbst in ihrem Leben nicht anders gelernt und meist selbst viel Schmerz in der Vergangenheit erfahren haben.

Was gerade im Zusammenhang mit den eigenen Eltern - wo viele Menschen auch heute noch tiefen Schmerz in sich tragen - eine tiefere Bedeutung bekommt. Wie kennen doch alle die Aussagen von liebevollen Eltern, die sagen: „Wir wollten nur dein Bestes." Was genau so gemeint ist, wie sie es sagen. Sie handeln nach ihrem besten Bewusstseinszustand - nur haben sie es in der Vergangenheit vermutlich selbst nicht anders gelernt. Wem also sollen wir die Schuld geben? Deinen Großeltern, die es so deinen Eltern beigebracht haben, aber auch nur das weitergegeben haben, was sie bereits von ihren Eltern gelernt haben.

Du siehst, du kannst diese Geschichte noch ewig verfolgen - was aber keinen Sinn macht. Denn egal wie es in der Vergangenheit war, du kannst heute beginnen, all den Groll und Schmerz loszulassen und so dein eigenes Leben verändern.

Löse dich von all dem Schmerz und öffne dich für all das, was in dein Leben kommen kann. So wirst du mehr Freude und

Leichtigkeit erleben und die Energie finden, das Leben zu erschaffen, welches du wirklich leben möchtest.

Bist du bereit dazu, dann wähle zunächst einen Menschen aus deiner Vergangenheit, dem du ab heute vergeben möchtest und schreibe es so wie im Beispiel - oder in deinen eigenen Worten - in die leeren Zeilen:

Ich … (Dein Name) bin jetzt bereit alles Vergangene loszulassen und (Name der Person) zu vergeben.

....

....

....

....

WICHTIG! Beginne mit einem Menschen, bei dem es dir nicht sonderlich schwerfällt, Altes loszulassen und den Vergebungsprozess einzuleiten. So wirst du nach und nach aus einer größeren inneren Stärke auch tiefere Wunden auflösen und alles heilen, was es nur zu heilen gibt.

Nachdem du gestärkt durch die ersten drei Phasen gegangen bist, darfst du dir nun in der vierten Phase die Person (Situation), der du vergeben möchtest, in dein Bewusstsein rufen und diese einmal vor deinem geistigen Auge wahrnehmen.

Währenddessen beobachtest du einfach, was die Situation mit dir macht und welche Gefühle ausgelöst werden. Und während du in deiner Entspannung bleibst und versuchst, die Gefühle nicht zu bewerten, darfst du dich nach und nach - wenn es dir möglich ist - der Person oder Situation nähern, ihr die Hand geben oder sie sogar in den Arm nehmen.

Dann spreche liebevoll zu ihr: „Auch wenn ich nicht akzeptiere, was du gesagt oder getan hast, bin ich dennoch bereit, jetzt alles loszulassen und mit dem Vergangenen abzuschließen", oder: „Ich vergebe dir all das, was du getan hast und löse mich jetzt von all dem alten Schmerz."

Während du das sagst, spüre in dich hinein und achte darauf, was deine Worte in dir auslösen, wie du mehr und mehr den alten Schmerz weichen lässt und so tiefe Heilung zulässt.

Wichtig! Je nach Situation und Schmerz kann es manchmal etwas dauern, bis du das Gefühl der Vergebung auch wirklich zulassen kannst. Setze dich deshalb selbst nicht zu sehr unter Druck und - vor allem - verurteile dich nicht dafür, wenn es nicht auf Anhieb so funktioniert, wie du es gerne hättest. Tiefe Heilung braucht Zeit.

envision your Life (Phase 5)

Die glückliche Beziehung, die du dir schon so lange wünschst, der Job, der dich mit jeder Faser deines Seins erfüllt oder das Abenteuer, nach dem du dich schon so lange insgeheim sehnst - all das ist nur noch ein Gefühl entfernt und auch du wirst schon bald all die wundersamen Umstände und Möglichkeiten in deinem Leben erleben, an welche du heute vielleicht selbst nicht einmal glauben kannst. Dabei ist es vollkommen gleich, was genau du in deinem Leben erlebt oder erfahren hast - es ist alles möglich und es liegt einzig und allein an dir, ob du all das verwirklichst, was du dir wünschst.

Und auch wenn viele Menschen glauben, dass sie keinen sehr großen Einfluss auf ihr Leben haben, sie anderes gelernt oder selbst die Erfahrung gemacht haben, dass manche Dinge einfach so sind, wie sie sind, möchte ich, dass du diese Überzeugung ab heute loslässt. Es ist die Überzeugung, die dich bisher in deinem Leben zurückgehalten hat. Als Kinder sind wir frei und erlauben uns groß zu träumen, was mit zunehmendem Alter und den Prägungen, die wir im Laufe unseres Lebens erfahren, immer weniger wird. Wir lernen früh durch unser Umfeld, an dem wir uns orientieren, wie die Welt funktioniert und adaptieren unbewusst deren Denk- und Verhaltensweisen, die uns oft für den Rest unseres Lebens begleiten.

Neurowissenschaftler sprechen von der Phase bis zu unserem 7. Lebensjahr, in dem die meisten Denk- und Verhaltensweisen gelegt werden und von vielen Menschen nie mehr hinterfragt werden. Dabei sind uns diese Muster oft nicht einmal selbst bewusst. Doch wenn wir früh gelernt haben, dass beispielsweise erfolgreiche Menschen schlecht sind, weil unser Elternhaus das so vertritt, dann haben wir, wenn diese Überzeugung nicht irgendwann einmal aufgelöst wurde, selbst auch genau die gleiche unterbewusste Überzeugung - was der häufigste Grund ist, warum Menschen, trotz zum Teil größter Anstrengung, nicht den Erfolg erreichen, den sie sich selbst so sehr wünschen.

Vollkommen gleich was du in deinem Leben erreichen möchtest oder wie dein Leben in den unterschiedlichen Lebensbereichen aussehen soll: schaffe dir immer erst ein Bewusstsein darüber, welche unbewussten Prägungen in deinem Umfeld dominiert haben.

Was hast du von deinem Umfeld über Partnerschaft gelernt? *Wie hast du es selbst erlebt?*

Was hast du über Erfolg gelernt? *Wie hast du
es selbst erlebt?*

Was hast du über Gesundheit gelernt? *Wie hast
du es in deinem Umfeld erlebt?*

Glaubst du das du es Wert bist ein glückliches Leben zu führen? *Wie denkt dein Umfeld darüber?*

Wie definierst du Arbeit? Darf sie Spaß machen? *Wie definiert dein Umfeld Arbeit?*

Glaubst du das du es Wert bist geliebt zu werden? *Wie denkt dein Umfeld darüber?*

Vielleicht hattest du gerade ein paar Aha-Momente und dir ist bewusst geworden, wie deine Denk- und Verhaltensweisen sich derer aus deinem Umfeld gleichen. Um diese aufzulösen, arbeiten wir auf dem Weg der Manifestation mit positiven Affirmationen.

Affirmationen, die du ab sofort in deinen Alltag integrieren darfst, um negative Gedanken durch positive zu ersetzen. Und wann immer du in deinem Alltag an eine Situation kommst und merkst, dass ein negativer Gedanke dich innerlich nach unten zieht, ersetzt du diesen durch einen neuen, für dich förderlichen Gedanken, z. B.: „Ich bin nicht perfekt und das ist auch gut so!", „Arbeit macht Spaß und ich liebe, was ich tue!", „Ich habe es verdient, ein glückliches Leben zu leben!", „Ich erlaube mir, gesund zu sein und erlebe das Gefühl mit jeder Zelle meines Körpers.",

usw. (weitere Bsp. auf S. 138) Ersetze all
die negativen Gedanken durch positive
und erlebe dabei auch - ganz wichtig -
die positiven Gefühle, die dadurch ausgelöst werden. So wirst du auch in deinem
Alltag mit der Kraft deiner Ressourcen
verbunden bleiben und das Leben deiner
Träume mehr und mehr manifestieren.

Bevor du dir gleich Gedanken darüber
machen darfst, wie dein Leben in den
einzelnen Lebensbereichen aussehen
soll, möchte ich noch sagen, dass es
wichtig ist, sich selbst nicht zu sehr unter
Druck zu setzen. Gerade wenn du jahrelang der gesellschaftlichen Norm gefolgt
bist, kann es schwierig sein, auf so ele-
mentare Lebensfragen eine passende
Antwort zu finden. Es braucht Zeit, um
der Stimme deines Herzens wieder zu
vertrauen und die Impulse auch richtig zu

deuten - weshalb es auch nichts bringt, irgendetwas zu erzwingen.

Lasse dir Zeit und beschäftige dich mit den Fragen immer und immer wieder, so wird dein Unterbewusstsein all die Informationen bekommen, die es berötigt, um im Hintergrund für dich weiterzuarbeiten. Die passenden Antworten, und wie dein Herzensweg aussieht, werden mit der Zeit - wenn du soweit bist - von ganz allein in dein Leben kommen.

Wie soll dein Leben in den einzelnen Lebensbereichen aussehen?

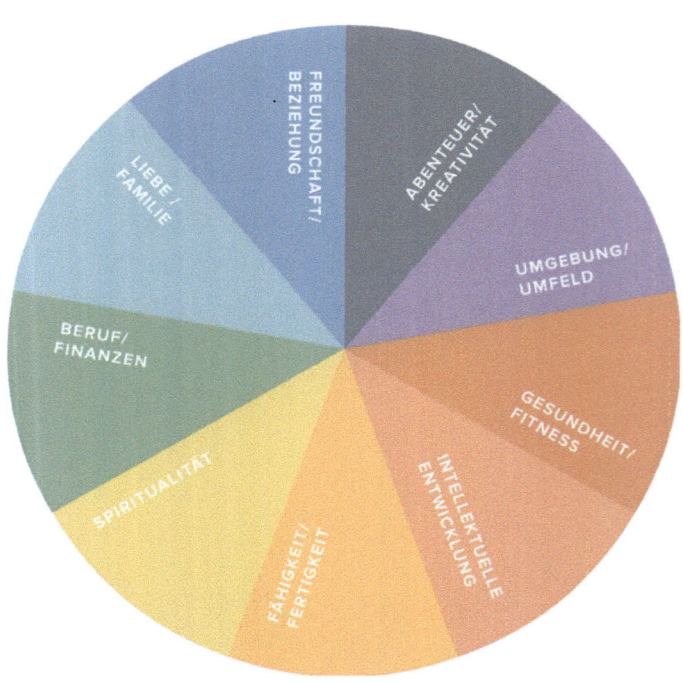

- Welche Gefühle und Umstände
  möchtest du mehr erleben?
- Welche Erfahrungen möchtest du in
  den unterschiedlichsten Lebensbereichen machen?
- Welche Menschen sollen in deinem
  Leben sein?

In der 5. Phase der Meditation darfst du
dann deine Aufmerksamkeit auf einen o-
der auch auf mehrere Lebensbereiche
richten und dir vor deinem geistigen Auge
vorstellen, wie dein Leben aussehen soll.
Und je deutlicher du all die Bilder im Detail sehen und mit positiven Emotionen
ausfüllen kannst, desto näher bist du bereits deinem Ziel und der Erfüllung deines
Wunschlebens. Den Rest - das Wie und
Wann - überlässt du dem Universum,
welches alles für dich regeln wird, was es
nur zu regeln gibt.

Lasse los, finde Vertrauen und öffne dich
für alles, was in dein Leben kommen
kann. Ich wünsche dir viel Spaß dabei!

GRATIS AUDIO-TRAINING

...wie du deine Realität neu erschaffst und dein Wunschleben lebst.

Jetzt dieses kostenlose Audio-Training von ca. 60 Minuten anhören! Wir verwandeln deine Realität, schaffen eine tiefe Verbindung nach innen und definieren deine Herzens-Ziele…

Artur Lorenz führt dich in diesem 60-minütigen Audio-Training in ein tiefes erleben, schenkt dir die Möglichkeit einen Zugang zu deiner Intuition herzustellen und deine Realität auf vielfältige weiße zu transformieren. Viel Spaß!

Trage dich einfach mit deiner Email-Adresse ein und du erhältst die Audio-Session als Download kostenlos per Mail zugeschickt.

http://www.mindevolve.de/#rethink

Erfolgsaffirmationen

Ich bin nicht meine Gedanken
und löse mich jetzt
von ihnen.

**Ich bin frei zu entscheiden
was ich denke und fühle.**

Ich entscheide
mich jetzt für die Liebe, Freude
und Leichtigkeit.

**Ich Löse mich von all dem
Vergangenen und öffne mich für die Gegenwart und Zukunft.**

Auch wenn es mir
schwer fällt so löse ich mich jetzt dennoch von all dem alten Schmerz und lasse
all das Vergangene hinter mir.

**Ich öffne mich
für die Liebe und gebe jeden Widerstand
auf der mich noch zurückhält.**

Ich liebe mich
genau so wie ich bin.

Ich habe genug und bin dankbar
für alles, was bereits da ist.

Ich liebe meine
Einzigartigkeit welche ich mehr und
mehr zur Entfaltung bringe.

Ich bin ein
Magnet für Dankbarkeit.

Ich bin dankbar
für das Leben und jeden Moment,
den ich erleben darf.

Ich bin dankbar für all
die Herausforderungen, die mich immer
weiter wachsen lassen.

Ich bin einzigartig und
wundervoll.

Wenn ich mich nicht
aufhalte, hält mich nichts und
niemand auf.

Ich bin der Schöpfer
meines Lebens und öffne mich dafür.

Epilog

Und jetzt geht's erst richtig los für dich.
Nutze all die Tools und Techniken für dich
und für die ganzen Menschen, die du positiv unterstützen möchtest.

**Ich glaube an dich und weiß, dass du
der Unterschied sein kannst.**

Es geht immer nur darum, weiter zu
üben, so lange, bis du das Leben deiner
Träume verwirklichst, um dir dann wieder
neue Ziele in einem oder in mehreren Lebensbereichen zu setzen.

Du kannst das, weil du drei Dinge ver-
standen hast:

1. Loslassen von allem, was dich be-
   schwert,
2. tägliche Routine und Training und
3. das richtige Einsetzen deiner Gedanken und Gefühle,

woraus das Leben deiner Wünsche,
Träume und innersten Sehnsüchte resul-
tiert.

Niemand ist so wie du und niemand kann
dir sagen, was für dich das Richtige ist.
Zu erkennen und zu wissen, was du für
deine Erfüllung in deinem Leben
brauchst, ist vielleicht der wichtigste
Schritt auf dem Weg in deine Kraft. Durch
das bewusste Einsetzen deiner Gedanken und Gefühle lebst du das Leben, welches du immer leben wolltest und siehst
die Hürden des Lebens als

Herausforderungen, welche dir helfen, das Beste aus dir und deinem Leben zu machen.

So wirst du ein Feld unendlicher Möglichkeiten erschließen und das grenzenlose Leben voller Freiheit, Leichtigkeit und purer Freude leben.

Ein Gefühl, welches wir gemeinsam in Einzelcoachings, Kursen und Live-Events praktisch üben und es dir so leichter machen, eine neue Energie in deinem Leben zu erleben. *Fühle dich herzlich eingeladen, dich gemeinsam mit mir auf eine Reise zu einem selbstbestimmten Leben zu machen.*

DAS UNLEASH SEMINAR

Das Event für deine Transformation

unleash yourself ist ein 1-tägiges Seminar, in dem du einen tiefen Zugang zu deinen innersten Ressourcen erschließen und deine Außergewöhnlichkeit entdecken kannst.

Finde einen Zugang nach innen. Entwickle Selbstvertrauen. Lerne loszulassen und dir selbst wie auch der Vergangenheit zu vergeben. Glaube an dich und folge deinem Herzen.

Intuitiv. Klar. Dynamisch.

Hier findest du die Termine:
http://www.mindevolve.de/unleash

Wir freuen uns auf dich!

Das Limitless Mentoringprogramm

Artur Lorenz persönlich.

Es ist an der Zeit für dich, **„dein"** Leben zu leben.

Ein Jahrescoaching nur für dich
2160 Minuten für das was dir
auf dem Herzen liegt.
12 Monate. Jeder Monat mit einem anderen Schwerpunkt.
Vollkommene Erfüllung in allen Lebensbereichen.
Artur Lorenz persönlich.

Bewerbe dich noch heute für ein kostenfreies Coaching um zu erfahren wie unser gemeinsamer Weg aussehen kann:

http://www.mindevolve.de/limitless

Das sagen Teilnehmer über Artur:

Artur ist ein hervorragender Trainer, den ich sehr empfehlen kann. Neben seiner Fachkompetenz hat er mich vor allem mit seiner netten und einfühlsamen Art überzeugt. Danke.

Yvonne Kurz
Entspannungspädagogin

Mit Artur habe ich endlich einen Zugang zu meinen Gefühlen gefunden und genauso, den Weg, sie zu verarbeiten. Er erklärt sehr gut, hilft einem mit seinen eigenen Erfahrungen Antworten auf seine Fragen zu finden und begleitet einen durch all die Herausforderungen die auf diesem Weg entstehen.

Markus Mutschler
Entwicklungsingeneur

Artur ist ein sehr authentischer Trainer, der mich mit seiner Erfahrung überzeugt hat. Er hat mir geholfen meine Herausforderungen besser zu verstehen, etwas Positives darin zu entdecken und all die Gefühle die mich oft sehr blockiert haben so anzunehmen wie sie in mein Leben kommen.

Nina Becker
Vertriebsleitung bei VR-Banken

Das sagen Teilnehmer über Artur:

Artur versprüht eine erfrischende Klarheit, mit der er mir geholfen hat, einen klaren Blick auf das was ist zu finden. Neutral und ohne Filter habe ich zu meinem Kern finden und neue Kraft in meinem Leben schöpfen können. Seine Liebe und Wahrhaftigkeit, spürt man in jedem seiner Worte und Handlungen. Danke von Herzen.

Sophie Reiff
Sozialpädagogin

„Artur steht für mich, wie kaum ein anderer, für Transformation" Mit perfekt aufeinander abgestimmten Meditationen hat er mich in einem 10 Wochen Kurs, während eines starken Veränderungsprozesses begleitet. Kann ich nur weiter empfehlen! ❤

Alexandra Rein
Ernährungspädagogin

Artur Lorenz hat vieles bewegt. Durch viele Impulse, hat er mir einen wichtigen Anstoß für meinen persönlichen Wachstum gegeben. Artur schafft es innerhalb kürzester Zeit eine vertrauensvolle Basis zu schaffen, in der man loslassen und wachsen kann. Ich habe mich während der gesamten Zeit sehr gut aufgehoben gefühlt und kann Artur sehr empfehlen. Vielen Dank für alles!

Marie Leopold
Pflegeleitung

Wenn sich das gut für dich anfühlt, beginnt deine Reise mit dem unleash yourself Event. Die Tickets sind für einen kleinen Preis erhältlich. Eigentlich viel zu günstig, doch mache ich das ganz bewusst aus zwei Gründen:

- So will und kann ich maximal vielen Menschen helfen und ihnen zeigen, wie auch sie ihr Wunschleben leben. Weil die meisten Menschen noch immer glauben, dass es nur wenigen vorbehalten ist (was ein falscher Glaubenssatz ist!).

- Es lässt sich an einem Tag, live vor Ort am besten entscheiden, ob ich der passende Trainer für dich bin. Und dann geht unsere gemeinsame Reise viel tiefer, emotionaler und intensiver weiter. Im Leben geht es doch vor allem um die Tiefe, die wir erleben können.

Offen und ehrlich - wie ich bin - kann ich dir jetzt schon versprechen: das wird eine Reise, die sich auf deinen weiteren Lebensweg positiv auswirken wird! Erlebe deinen ganz persönlichen Durchbruch und transformiere dein Leben. Unleash yourself ist das bewegendste Event für deine Transformation. Bist du bereit? Dann sicher dir jetzt dein Ticket mit dem Gutscheincode „Meditation50" zum Community-Vorzugspreis.

Alle Termine und nächsten Events findest du hier:

http://www.mindevolve.de/unleash

Wir sehen uns.
Ich freue mich auf dich!

Werde ein Teil einer einzigartigen Community!

http:// mindevolve.de/community

Surya Namaskar A

Surya Namaskar B

Platz für deine Notizen:

Platz für deine Notizen:

Platz für deine Notizen:

MEDITATION IS THE KEY
ENVISION *your Life*

Folge uns auf